SYLVANUS MULOWAYI WA KAYUMBA

QUELLE HEURE EST-IL ?

SYLVANUS MULOWAYI WA KAYUMBA

QUELLE HEURE EST-IL ?

L'Heure sur le Cadran de Dieu

Éditions Croix du Salut

Imprint
Any brand names and product names mentioned in this book are subject to trademark, brand or patent protection and are trademarks or registered trademarks of their respective holders. The use of brand names, product names, common names, trade names, product descriptions etc. even without a particular marking in this work is in no way to be construed to mean that such names may be regarded as unrestricted in respect of trademark and brand protection legislation and could thus be used by anyone.

Cover image: www.ingimage.com

Publisher:
Éditions Croix du Salut
is a trademark of
International Book Market Service Ltd., member of OmniScriptum Publishing Group
17 Meldrum Street, Beau Bassin 71504, Mauritius
Printed at: see last page
ISBN: 978-613-7-37408-5

SYLVANUS MULOWAYI WA KAYUMBA

QUELLE HEURE EST-IL ?

Septembre 2020

QUELLE HEURE EST-IL ?

INTRODUCTION

Le premier signe de la fin des temps fut la venue du Saint-Esprit dans la Chambre Haute sur cent vingt disciples, le jour de Pentecôte selon la prophétie de Joël, comme il est écrit :

« ***Dans les derniers jours, dit Dieu, je répandrai de mon Esprit sur toute chair ;***

Vos fils et vos filles prophétiseront, vos jeunes gens auront des visions. Et vos vieillards auront des songes.

Oui, sur mes serviteurs et sur mes servantes, dans ces jours-là, je répandrai de mon Esprit ; et ils prophétiseront » Actes 2 :17-18

Dans l'Ancien Testament, l'Esprit de Dieu était destiné à travailler avec une personne ou un groupe de gens bien définis pour la cause de Dieu, et jamais avec tout le monde à la fois.

Israël traversa la Mer Rouge vers la dernière veille de la nuit sous la conduite de Moise secondé d'Aaron.

Plus tard, ils traversèrent le Jourdain avec l'Arche de l'Alliance tenue par les anciens d'Israël qui se restèrent debout au milieu des eaux jusqu'à ce que tous se retrouvent de l'autre côté avant d'entrer dans la Terre Promise.

Depuis le jour de la Pentecôte, dans la Chambre Haute, une opportunité fut donnée aux serviteurs et servantes de Dieu, jeunes et vieux de se mettre à l'œuvre et annoncer cette Bonne Nouvelle du Royaume jusqu'aux extrémités de la terre.

Et ce mouvement continue tant bien que mal en ces temps difficiles où les hommes de la terre ont été visités par un virus iniquement conçu et fabriqué dans des laboratoires de la méchanceté de la science et de la technologie pour créer un ordre nouveau afin de contrôler le monde par le système informatique de haute technicité !

Que cela ne nous surprenne pas, car nous vivons dans les temps de la fin et comme un voleur, le Seigneur Jésus va nous surprendre sur les nuées pour l'enlèvement de l'Eglise.

« ***Sache que, dans les derniers jours, il y aura des temps difficiles.***

Car les hommes seront égoïstes, amis de l'argent, fanfarons, hautains, blasphémateurs, rebelles à leurs parents, ingrats, irréligieux,

Insensibles, déloyaux, calomniateurs, intempérants, cruels, ennemis de gens de bien,

Traitres, emportés, enflés d'orgueil, aimant le plaisir plus que Dieu,

Ayant l'apparence de la piété, mais reniant ce qui en fait la force. Eloigne-toi de ces hommes-là. » 2 Timothée 3 :1-5

LES TEMPS SERONT DIFFICILES

Un des grands signes de la fin des temps est que les moments seront difficiles et pénibles tels qu'en cette période malencontreuse et lassante où la sorcellerie et la diablerie ont changé de camp pour être exercées par l'homme moderne, androïde, intelligent et riche !

Nous croyions que la technologie et la civilisation moderne détruiront la sorcellerie et la diablerie. C'était une illusion, un leurre et une aberration. Plus l'homme de la fin des temps étudie, plus il devient méchant, cruel, arriéré et barbare.

Ce ne sont pas des vieux sorciers des villages qui ont inventé Corona Virus. Bien au contraire, ce sont les personnes les plus intelligentes et les plus riches de la planète qui sont devenues pire que des bêtes sauvages.

L'état du cœur de l'homme n'a finalement rien à avoir avec son niveau d'études faites !

Les grands voleurs, les grands destructeurs et les incorrigibles sont des personnes très instruites mais sans cœur ni pitié et compassion pour les autres.

Même dans l'église. le riche devient davantage riche et le pauvre de plus en plus pauvre. Le fort amasse plus de puissance au détriment du faible écrasé par la loi taillée à la mesure des grands.

Celui qui a plusieurs vestes supplie ceux qui sont encore torse nue pour qu'ils lui en ajoutent afin d'être bénis !

Une personne à bord d'une grande voiture climatisée demande à ceux qui marchent à pieds sur de longues distances de lui procurer du carburant avec promesse d'entrer dans le Royaume du Ciel.

Les personnes élevées en dignité ne paient pas l'électricité et l'eau ainsi que d'autres taxes étatiques. Mais c'est le pauvre et le faible qui sont obligés de soutenir la nation.

C'est pratiquement l'histoire inimaginable des fourmis qui nourrissent des éléphants !

Les riches détournent tranquillement et sans être interpelés par la justice les fonds du pays, mais les pauvres sont traités comme des criminels pour des faits bénins !

Le riche a toujours raison et le pauvre est toujours coupable. Celui qui travaille plus touche à la fin du mois, un maigre salaire et celui qui ouvre son bureau chaque mardi et chaque jeudi pour juste pour deux heures a tous ses enfants à l'étranger aux études dans les meilleures universités de la planète bleue.

Les temps sont durs pour la sentinelle et non pour le maître de la maison. Ils le sont pour le chien de chasse et non pour le chasseur qui s'empare de la meilleure part pour laisser les os blancs dans l'assiette de la bête de chasse et de la vache à lait.

La vache qui produit du lait se nourrit de l'herbe verte alors que le lion et le loup sont des carnivores.

Et quand vous remarquez pareils moments durs autour de vous, soyez prudents et sages !

Peuple congolais, nous nous sommes levés à la hâte pout tourner autour du même point depuis 1960, avec un refrain interrompu au but jamais atteint : « ***Nous bâtirons un pays plus beau qu'avant...*** »

La classe dirigeante n'a pas été à la hauteur des richesses que Dieu nous a données.

Cette fois-ci au lieu de dire « ***Debout Congolais*** », j'aimerais que l'on dise :

« ***Asseyons-nous Congolais et réfléchissons calmement avant de vous lever pour le prochain kilomètre, avec un cahier de charge à la hauteur des richesses dont regorge notre pays pour un jour meilleur pour tous.*** »

La précipitation est un trou percé dans un sac plein de sable qui le vide lentement et sûrement à chaque nouveau pas tout le long de la trotte vitale personnelle ou collective !

LES HOMMES SERONT EGOISTES

Le manque d'amour du prochain nous a déchirés et divisés dans cette génération de la fin des temps.

C'est par égoïsme, altruisme et frivolité que cet apprenti-sorcier de ce siècle de vitesse et de haute technologie a conçu ce virus dévastateur pour exterminer, à l'instar de Caïn, le quart de la terre.

C'est la loi de la jungle qui nous régit dans un monde où nous avons dépassé la vitesse du son. Nous vivons aujourd'hui dans une communauté sans pitié et sans compassion.

Ils savaient que le vaccin qu'ils comptaient nous amener allait nous tuer et ils étaient prêts à nous vendre notre propre dernier rectangle !

Ce qui comptait pour eux c'était juste l'argent, les richesses et plus d'espace sur la terre, comme s'ils étaient là quand Dieu la créait du néant.

Le témoignage de la poule viendra de la bouche du cancrelat et celui du renard, du bec de la poule !

Plus on place les gens en prison, plus ils se rebellent davantage. Et à cet effet, l'Afrique avait déjà compris le jeu de la remise à la raison.

Oui, chez nous en Afrique, dans nos villages, il n'y a pas de prisons jusqu'à ce jour. La solution communautaire se trouve en dessous de l'arbre de la palabre !

Et voilà comment nous avons réduit la thérapeutique de la sorcellerie qui est partie vers les savants et les ardus de ce monde !

Nous sommes au moment où les richesses de l'Afrique valent plus que les africains devant ceux qui nous envient !

Ils sont comme des crapauds qui tiennent à entrer dans un trou qu'ils n'ont jamais creusé !

Arrêtons d'être naïfs. Prenons le temps de créer une nomenclature dynamique au niveau familial, communautaire et national.

Réfléchissons deux fois avant d'avancer d'un pas car il y a plus de sorciers intellectuels que traditionnels parmi nous de nos jours !

Ils viennent vers nous avec un sourire politicien et hypocrite, en se servant de la loi du pharmacien qui a mis une petite couche de sucre sur un comprimé amer pour nous le faire avaler avec un gros gobelet d'eau. Et une fois dans les entrailles, c'est la douleur, la souffrance et la mort subite.

Ceci est pire que la sorcellerie !

C'est de la diablerie !

Oui, l'homme intellectuel et riche de ce monde est devenu plus inique et plus abusif que le diable et les démons !

Malheur à lui, s'il ne se repent pas car des têtes vont tomber par la loi de l'équilibre et de l'épée de Dieu au travers du vengeur du sang !

L'INSENSIBILITE

C'est par cette caractéristique des hommes et des femmes des temps de la fin que j'aimerais remettre le capuchon sur mon stylo à bille en ce qui concerne cette partie introductive.

L'un des grands signes de la fin des temps est l'insensibilité des uns pour les autres.

Comment peut-on venir injecter un vaccin mortel à tout un continent et se prétendre être intelligent et prévoyant ?

Ils sont, en effet intelligents en la bêtise, l'idiotie, l'insanité et la stupidité. Car la vie sur cette terre n'est pas éternelle, mais l'homme qu'ils cherchent à exterminer sans raison fondée sur les principes des conditions et termes de cohabitation entre peuples, est éternel ; car il est l'image et la ressemblance de Dieu.

La vie sur cette planète bleue n'est qu'une enveloppe dont la lettre est la rédemption éternelle en Jésus !

L'homme de ce siècle est insensible et il a même consacré devant Dieu sous d'autres cieux le mariage homosexuel que j'appelle sodomique et androïde !

Nous remercions de tout cœur, tous ces médecins et ces grands hommes qui ont pris le courage, le risque et le dévouement de nous avertir qu'un vaccin-poison était institutionnalisé pour raser l'Afrique, sous couvert de virus sorti des laboratoires de ceux qui ont rejeté les conseils d'enfance de leurs mères.

Ce sont des enfants prodigues, des véritables « ***koulouna*** » en cravate.

Pour votre mémoire, un « ***koulouna*** » est un enfant incorrigible dans la ville de Kinshasa qui se promène avec une machette ou un couteau, seul ou en groupe pour nuire dans la nuit les paisibles citoyens !

Et cette fois-ci nous avons affaire à des « ***koulouna*** » savants, intellectuels et riches, sans cœur et sans scrupule !

En ces temps de la fin, que chacun de nous évite la distraction et que nous soyons attachés tous comme un seul homme à notre Seigneur qui peut nous surprendre n'importe quand !

Ils n'ont que la terre pour y demeurer, alors qu'elle n'est pas éternelle !

Mais, nous avons la vie éternelle qui nous attend dans les parvis célestes pour des temps sans fin selon l'horloge de notre Dieu et notre Roi. C'est alors qu'ils verront que nous avions raison, car ce souvenir traversera avec eux la dernier rectangle et ils assisteront à notre entrée dans la gloire et le feu de la géhenne sera bien garni en face d'eux pour les recevoir dans ruine et dans la destruction pérennes.

Ils ne sont pas plus intelligents que le cheval qui travaille dur sous le fouet et qui meurt à vingt-cinq ans seulement alors que nous avons accepté de suivre la tortue dans sa faible allure de déplacement et qui vit plus d'un siècle !

Il est tard à la montre divine où un jour est comme mille ans et mille ans comme un jour.

Sur cette montre, une heure égale à plus ou moins quarante ans !

Moise vécut 120 ans, ce qui représentait trois heures seulement sur le cadran divin !

Prions et veillons car l'heure est avancée et le Seigneur revient bientôt.

L'Auteur

I

LA DISPENSATION DE L'INCONSCIENCE

Il y a autant d'heures qu'il y a des méridiens et dans la Bible, l'heure est relative à la dispensation de la personne considérée.

Le jeune Joseph entra dans l'heure de sa visitation à 30 ans alors que Moïse rencontra Dieu à 80 ans dans le buisson ardent. Abraham fut visité par Dieu à 100 ans, soit 25 ans après son appel.

Il y a eu en effet plusieurs dispensations dans la Bible, seulement j'aimerais faire allusion aux plus marquantes d'entre elles !

La dispensation de l'inconscience est cette période de vie sur la terre que connue Adam seul d'abord, puis avec Eve jusqu'au jour où ils furent chassés du Jardin d'Eden !

C'était l'heure de respecter la Parole de Dieu dans le Jardin d'Eden, qui était le domaine de définition d'Adam et Eve.

Et le cœur du secret de cohabitation entre Dieu et Adam ainsi qu'Eve était celui de ne pas manger du fruit de l'arbre de la connaissance du bien et du mal.

C'était l'heure de la culture de la terre et de la bonne gestion du Jardin d'Eden.

Et cette entreprise avait commencé avec Adam, pour se terminer avec Eve et le serpent.

Il y avait de l'or dans le Jardin d'Eden, mais l'heure n'est était pas à la métallurgie. Il fallait commencer par la terre avant d'exploiter le sous-sol !

Dans le Jardin d'Eden, planté de la main de Dieu lui-même, il y avait trois grands arbres :

- L'Arbre de Vie,
- L'Arbre de la connaissance du bien et du mal et
- Le Figuier.

L'Arbre de Vie illustre l'obéissance et la fidélité envers Dieu. Celui de la connaissance du bien et du mal représente la désobéissance et le figuier fait allusion à la volonté de l'homme et son attachement à son intelligence.

A cette heure précise de l'histoire de la formation de la vie sur la terre, il n'y avait qu'Adam et Eve sur toute la planète bleue !

L'homme et la femme étaient tous deux nus et n'avaient pas honte de se regarder les yeux dans les yeux !

Les lois naturelles conduisaient la vie de tous les jours et cette période fut interrompue par l'infiltration du serpent dans le Jardin d'Eden.

Tout était calme, placide et serein avant la visite malencontreuse du serpent ancien qui incarnait le diable.

Attention aux visiteurs inconnus. On ne sait jamais pourquoi ils sont là. Ils viennent sans rendez-vous et nous laissent de fois avec des problèmes discontinus et intermittents.

ADAM & EVE

Pendant toute la durée du temps passé seul aux côtés de Dieu, Adam fut irréprochable en tout et pour tout !

Les gens parlent seulement du mal des autres tout en rejetant en bloc leurs bienfaits !

Cette période fut merveilleuse au cours de laquelle, Adam avait bien gardé la Parole de Dieu qui consistait à :

- Cultiver le jardin,
- Le garder et
- Ne pas manger du fruit de l'arbre de la connaissance du bien et du mal.

En d'autres termes, Adam pouvait tomber tout seul bien avant la formation d'Eve car l'arbre de la connaissance du bien et du mal était là avant l'entrée en jeu de notre mère commune et du serpent.

Connaître le bien et le mal par la voie de Dieu dans la fidélité et dans l'obéissance comme ce fut avec les anges est une bonne chose opposée à la galerie de la rébellion et de la révolte.

Au temps de Dieu, Adam et Eve devraient finir par avoir du discernement et entrer sous la conduite divine dans la conscience pure et de la gestion saine du bien et du mal sans désobéissance, ni infidélité.

Dieu lui-même connaît le bien et le mal par la vertu et non par le vice. Il en est aussi pour tous les anges qui sont restés fidèles à lui !

C'est comme dans le cas de l'acte sexuel par exemple. Le même acte au sein du mariage est une bénédiction et en dehors du lien conjugal, il devient une abomination.

La nudité des animaux n'est pas une malédiction, mais celle d'un parent ou d'un tuteur en est une !

Au temps de Dieu et non sur la montre d'Adam ou de quelqu'un d'autre, le bien et le mal devraient lui être vulgarisés et enseignés.

On n'apprend pas à aimer le jour de son anniversaire dans l'ambiance de la célébration au milieu des lumières éblouissantes et fastueuses.

Il faudra attendre le cadre marital pour s'y exercer dans la mesure de la grâce divine.

Le cuisinier ne se sert pas pendant qu'il prépare de peur de se faire passer pour un petit larron. Il ne lui est permis que de goutter purement et simplement.

La volupté, la délectation et le délice ne sont qu'une partie de l'amour qui est une vie et non seulement un sentiment érotique et charnel.

Le sexe est sacré et doit être scrupuleusement géré car c'est le seul organe par lequel se reproduit l'image et la ressemblance de Dieu.

La fraternité sexuelle animale n'est pas autorisée dans le règne des hommes qui sont l'image et la ressemblance de Dieu. Mais combien de fois avons-nous agi comme des bêtes sauvages sans cœur et sans indulgence en cette épineuse matière ?

Le petit chiot d'hier qui vient de prendre de l'âge, monte sur sa mère devant son propre père qui attend calmement son tour de rôle.

Des hommes et des femmes ainsi que des jeunes se partagent les mêmes partenaires de sexe dans la vie plus que ne le font les bêtes des champs !

Il faudra réajuster les aiguilles de notre montre car l'heure que nous avons avec nous, n'est pas celle de notre Dieu.

La Parole de Dieu est la montre qui nous donne la véritable heure pour notre randonnée vitale sur cette terre. Elle est aussi notre chronomètre qui nous donne la véritable vitesse à adopter à notre allure dans cette trotte sous le soleil.

Adam observa cette pendule divine tout le temps qu'il était seul avec Dieu et personne ne lui a jeté des éloges pour autant.

Un seul grain de sable dans le riz de la cuisinière la disqualifie et la dénigre devant sa maîtresse !

Ce bon travailleur du Jardin d'Eden tomba un jour dans le filet du diable qui se servit d'Eve sa femme !

Au fait si le serpent n'avait pas interféré, nous serions tous dans le paradis terrestre élargi à la surface de toute la terre par Dieu lui-même.

Toute la Parole de Dieu était incluse dans l'obéissance et à la sagesse de ne pas manger du fruit de la connaissance du bien et du mal, individuellement ou collectivement.

Un seul grain de sable dans le plat de la cuisine du Jardin d'Eden provoqua ainsi la chute de l'humanité toute entière.

Je m'étais amusé à enregistrer le récit de la chute de l'homme et je n'avais pas dépassé la demi-heure !

L'harmonie qui avait commencé avec Adam et qui s'était prolongée avec la venue d'Eve, s'arrêta hâtivement en un seul jour quand ce visiteur inconnu et dissimulé fit son intrusion dans le jardin.

Le serpent ne fit pas plus de dix heures dans le Jardin d'Eden.

Oui, il arriva vers la troisième heure et en fut chassé avant nos premiers parents vers la onzième heure !

Cela me fait penser à une jeune fille qui perdit sa virginité dans une fête d'anniversaire emportée par la volupté et le délice de la joie de paraître au lieu d'être, tout simplement pour avoir permis à un inconnu de lui souffler quelque chose qu'elle n'avait jamais entendu à l'oreille !

Cela se passe souvent trop vite sur notre montre des mortels mais les conséquences infortunées demeurent à jamais !

On s'amuse dans les draps du lit d'un grand hôtel aux milieux des lumières et des parfums et puis, le matin, la pauvre jeune fille en sort déflorée, altérée et avariée et en encaisse les conséquences pour tout le reste de sa vie.

Et comme celui qui fait le mal oublie vite, ce dévastateur sexuel continuera l'expression méchante de sa volupté incontrôlée sur d'autres innocentes pour réclamer une femme vierge plus tard, le jour de son mariage.

Un seul jour avait suffi à Adam et Eve pour se retrouver pour toujours en dehors du Jardin d'Eden en faisant ainsi couler le bateau de toute l'humanité dans le fonds de l'océan du péché, de la ruine et de la perdition.

Chaque fois que Dieu se déplace du trône de la grâce pour celui du jugement, cela est une chose horrible, abominable et monstrueuse.

La femelle du serpent se rendit compte tout simplement qu'elle se mit subitement à ramper avec ses petits une demi-heure avant que son mâle ne revienne dans les champs, rampant aussi et traînant sa queue dans la poussière de la terre.

Lui qui était bien fait, pratiquement entre le singe et l'homme, le voilà condamné en semence et en espèce à marcher sur le ventre jusqu'au jour d'aujourd'hui ; quoique certains peuples l'ont dédouané en la tournant en aliment comestible !

HORS DU JARDIN

Le chemin de la pénitence et de la damnation est souvent plein d'épines, d'échardes et de dars qui rendent tour à tour la marche de la victime acrobatique et débrouillarde.

Adam et Eve restèrent quelques jours dans le jardin en attendant que la peau de la bête innocente tuée par Dieu ne se sèche afin de leur coudre des vêtements pour écarter les feuilles de figuier qui étaient éphémères et provisoires.

La solution des hommes est souvent intermittente car nous ne sommes pas éternels dans cette chair faillible et pécheresse.

Pour récupérer le temps perdu dans la grâce mal exploitée de Dieu, il fallait endurer et résister contre les nouvelles conditions de vie en dehors du Jardin d'Eden, comme il est écrit :

« ***L'Éternel Dieu dit: Voici, l'homme est devenu comme l'un de nous, pour la connaissance du bien et du mal. Empêchons-le maintenant d'avancer sa main, de prendre de l'arbre de vie, d'en manger, et de vivre éternellement.***

Et l'Éternel Dieu le chassa du jardin d'Éden, pour qu'il cultivât la terre, d'où il avait été pris.

C'est ainsi qu'il chassa Adam; et il mit à l'orient du jardin d'Éden les chérubins qui agitent une épée flamboyante, pour garder le chemin de l'arbre de vie. » Genèse 3 :22-24

Il y a des choses qui ne se produisent qu'une seule fois dans la vie des gens et qui ne reviendront plus jamais. Adam et Eve ne pouvaient plus rentrer dans le Jardin D'Eden.

On ne peut plus rentrer dans le sein maternel quelle que soit l'affection que l'on pourrait avoir pour demeurer toujours enfant en elle.

Le verre d'eau était cassé et le contenu s'est répandu par terre et a été avalé. Le contenant est resté impossible à reconstituer et la page de l'histoire du Jardin d'Eden tournée une fois pour du bon !

Il y avait dorénavant un clapet anti-retour à la porte du Jardin d'Eden qui faisait qu'Adam et Eve ne pouvaient plus jamais y retourner ni avoir accès au fruit de l'Arbre de Vie !

C'était une nouvelle dispensation qui venait de commencer et que personne ne pouvait ni ajuster, ni arrêter.

La dispensation de la conscience s'étend de la sortie d'Adam et Eve du jardin jusqu'au déluge.

Comme une femme libre qui vient d'avoir un beau bébé en dehors du mariage, ainsi Adam et Eve eurent un fils du nom de Caïn en dehors du Jardin d'Eden !

Cet enfant entendit ses parents parler de l'Arbre de Vie et de celui de la connaissance du bien et du mal, mais il n'eut pas l'occasion de les voir même de loin.

Il devait se méfier du serpent et venger sa mère un jour.

Malheureusement, il ne put y arriver car le diable changea de stratégie et alla se placer à la porte de son cœur et le poussa dans sa colère à tuer son jeune frère Abel, le juste, malgré l'avertissement de Dieu !

« ***Caïn dit à l'Éternel: Mon châtiment est trop grand pour être supporté.***

Voici, tu me chasses aujourd'hui de cette terre; je serai caché loin de ta face, je serai errant et vagabond sur la terre, et quiconque me trouvera me tuera.

L'Éternel lui dit: Si quelqu'un tuait Caïn, Caïn serait vengé sept fois. Et l'Éternel mit un signe sur Caïn pour que quiconque le trouverait ne le tuât point. » Genèse 4 :13-15

Ce n'est pas Dieu qui l'avait chassé de cette terre, mais c'est son propre péché qui en était la cause fondamentale !

Dans sa miséricorde, Dieu lui plaça un sceau sur le front pour le protéger tous les jours de sa vie d'errance sur la terre. Et il en fut ainsi !

II

LA DISPENSATION DE LA CONNAISSANCE

A partir du moment où Adam et Eve furent chassés du Jardin d'Eden, la connaissance du bien et du mal était le partage de tous les humains. Et c'est d'ailleurs à cause de cela que Caïn se rendit compte que son châtiment était fort.

Le jardin planté par Dieu en Eden n'était plus accessible, il fallait fabriquer des outils pour cultiver la terre qui était maudite et qui portait dorénavant des épines et des éperons.

La conscience fut active et Caïn devint un agriculteur alors qu'Abel son jeune-frère devint un éleveur. Malheureusement un peu plus tard, il le tua sur le champ, croyant n'avoir pas été aperçu !

Le calme et la tranquillité du jardin appartenaient au passé. Et il fallait gagner sa vie à la sueur de son front.

Caïn alla plus loin et se maria pour former sa nouvelle famille. Il eut des fils et des filles dans la minorité car il lui fallut beaucoup de temps pour avoir une femme parmi ses propres jeunes sœurs éloignées dans le temps et dans l'espace.

Cela provoqua la minorité de sa progéniture, si bien qu'un de ses descendants Lémec devint bigame pour obtenir plus d'enfants et diminuer l'écart entre sa descendance et celle de Seth.

Ce dernier fut un grand adorateur et Caïn devint un grand bâtisseur et ses descendants des fameux joueurs d'instruments de musique.

Il y avait deux groupes de descendants d'Adam :

- Les adorateurs et
- Les travailleurs.

C'est la même chose que nous remarquons de nos jours. Les enfants de Dieu passent plus de temps dans l'adoration et dans la louange et travaillent moins. Et les enfants de ce monde sont engagés dans la musique et dans l'entreprenariat.

Et dans cette dispensation de la connaissance, la durée de vie était bien longue. Tous moururent un après l'autre mais Hénoc de la descendance de Seth marcha avec Dieu et il fut enlevé du milieu de ses contemporains comme il est écrit :

« ***Hénoc marcha avec Dieu; puis il ne fut plus, parce que Dieu le prit.*** » Genèse 5 :24

C'est l'unique personne qui ne connut point la mort dans cette dispensation de la conscience qui va prendre terme avec le déluge.

Dieu a voulu nous introduire dans la notion des eaux d'en haut et celle des cieux !

Il y a une vie supérieure à celle-ci qui nous est offerte en Jésus à condition d'accepter de marcher dans l'obéissance et dans la fidélité de la Parole de Dieu !

Il y a une demeure faite pour nous dans les cieux où nous vivrons éternellement avec celui qui a le premier et le dernier mot pour tous les vivants de la terre.

Hénoc fut le premier à être enlevé de la terre sans connaître la mort !

Et ce fut Metuschélah qui vécut le plus longtemps de tous les hommes dans cette chair sur cette terre dans la dispensation de le conscience.

« ***Tous les jours de Metuschélah furent de neuf cent soixante-neuf ans; puis il mourut.*** » Genèse 5 :27

C'est dans cette dispensation de la conscience que naquit Noé, le rescapé du déluge.

III

LA DISPENSATION DU MONDE NOUVEAU

A partir de Noé, le déluge marqua le commencement de la dispensation du monde nouveau. Et ce fut à cette époque précise que Dieu réduisit la durée de vie des hommes à 120 ans !

« ***Lorsque les hommes eurent commencé à se multiplier sur la face de la terre, et que des filles leur furent nées,***

Les fils de Dieu virent que les filles des hommes étaient belles, et ils en prirent pour femmes parmi toutes celles qu'ils choisirent.

Alors l'Éternel dit: Mon esprit ne restera pas à toujours dans l'homme, car l'homme n'est que chair, et ses jours seront de cent vingt ans.

Les géants étaient sur la terre en ces temps-là, après que les fils de Dieu furent venus vers les filles des hommes, et qu'elles leur eurent donné des enfants: ce sont ces héros qui furent fameux dans l'antiquité.

L'Éternel vit que la méchanceté des hommes était grande sur la terre, et que toutes les pensées de leur cœur se portaient chaque jour uniquement vers le mal.

L'Éternel se repentit d'avoir fait l'homme sur la terre, et il fut affligé en son cœur.

Et l'Éternel dit: J'exterminerai de la face de la terre l'homme que j'ai créé, depuis l'homme jusqu'au bétail, aux reptiles, et aux oiseaux du ciel; car je me repens de les avoir faits.

Mais Noé trouva grâce aux yeux de l'Éternel. » Genèse 6 :1-8

Les fils de Dieu furent attirés par les filles des hommes !

Dans le Jardin d'Eden, c'est le serpent qui attira Eve notre mère, mais du temps de Noé, ce fut la beauté des filles des hommes qui fit tomber les fils de Dieu.

Les fils de Dieu prirent pour femmes les filles des hommes et de cette union sortit de géants et fameux héros de l'antiquité !

Cette fois-ci, il s'agit d'une intrusion angélique qui se dirigea sur les filles des hommes en ce temps et le mal revint sur la terre !

Le diable vint sur la terre avant la formation de l'homme et de la femme et les fit chasser du Jardin d'Eden par la séduction de notre mère commune Eve.

Et cette fois-ci, c'est un autre groupe d'anges qui quittèrent la demeure céleste, attirés par la beauté des filles des hommes de cette époque-là de la fin de la dispensation de la conscience pour plonger toute cette génération dans la ruine et dans la destruction par les eaux diluviennes de la colère de Dieu.

Si la beauté des filles des hommes séduisit les fils de Dieu, à combien plus forte raison ne devrions-nous pas éviter de nous accrocher à la pompe de ce monde pour garder notre regards fixé sur notre Dieu et notre Roi ?

Ce mariage entre les fils de Dieu et les filles des hommes montra à suffisance la méchanceté et l'animosité du cœur de l'homme ainsi que son penchant vers le mal !

Le sexe est sacré et ne devrait pas être permis entre les hommes et les créatures spirituelles !

Quoiqu'il y ait eu mariage officiellement entre les fils de Dieu et les filles des hommes, le respect de la semence et de l'espèce ne fut pas honoré !

Et cela entraîna la mort dans les eaux du déluge de plusieurs innocents et même des animaux, du bétail et des oiseaux.

Les fils des hommes ne peuvent se marier qu'aux filles des hommes et les anges n'ont pas droit au mariage car c'est une abomination pour eux !

Ce qui se passa en cette fin de la dispensation de la conscience blessa complètement Dieu dans son cœur et il se décida à châtier tous les habitants de toute la terre pour écarter le mal de cette génération pécheresse !

Il y avait des enfants qui allaient à l'école maternelle, s'il y en avait une, en ce temps-là et ils furent engloutis dans les eaux diluviennes sans pitié.

Les femmes enceintes moururent avec les fœtus en elles et le châtiment divin était sans appel ni recours !

Noé annonça la Parole de Dieu et invita ses contemporains à entrer dans l'arche et ces derniers se moquaient de lui et continuaient à vivre dans leur incrédulité face à l'avertissement divin sur la destruction imminente du monde de ce temps-là, par les eaux diluviennes !

« ***L'Éternel dit à Noé: Entre dans l'arche, toi et toute ta maison; car je t'ai vu juste devant moi parmi cette génération.***

Tu prendras auprès de toi sept couples de tous les animaux purs, le mâle et sa femelle; une paire des animaux qui ne sont pas purs, le mâle et sa femelle;

Sept couples aussi des oiseaux du ciel, mâle et femelle, afin de conserver leur race en vie sur la face de toute la terre.

Car, encore sept jours, et je ferai pleuvoir sur la terre quarante jours et quarante nuits, et j'exterminerai de la face de la terre tous les êtres que j'ai faits.

Noé exécuta tout ce que l'Éternel lui avait ordonné. » Genèse 7 :1-5

Le plus grand péché qu'aurait commis l'enfant prodigue serait de récuser de rentrer dans la maison de son père.

Ils moururent non pas à cause du mariage abominable entre les fils de Dieu et les filles des hommes, seulement à cause de leur refus à se repentir et à suivre Noé dans l'arche pour fuir la colère de Dieu manifestée dans les eaux diluviennes d'alors.

Le retour à l'obéissance et à la fidélité envers Dieu nous protège de son châtiment !

Si Dieu protégea les 7 paires d'animaux purs contre une paire d'animaux impurs des eaux diluviennes, les volontaires pouvaient rejoindre sans condition ni terme Noé et les siens dans l'arche car la porte était largement ouverte à tous.

Cette génération rejeta la Parole de Dieu et se fia à la science de l'époque car il ne pleuvait pas encore !

Le déluge fut la première pluie à tomber du ciel sur la terre. Et cela rendit le message de Noé débile et dolente comme c'est le cas de nos jours où cette Bonne Nouvelle du Royaume est foulée aux pieds des hommes de ce monde !

Noé ressemblait plus à quelqu'un qui avait perdu du bon sens qu'à un prédicateur de la part de Dieu quand il annonçait la destruction du monde de son temps par le déluge.

Personne ne pouvait monter dans cette arche construite sur la terre ferme pour attendre la pluie tomber du ciel !

Finalement, c'est lui qui avait raison !

LA FIN DU DELUGE

« ***Dieu se souvint de Noé, de tous les animaux et de tout le bétail qui étaient avec lui dans l'arche; et Dieu fit passer un vent sur la terre, et les eaux s'apaisèrent.***

Les sources de l'abîme et les écluses des cieux furent fermées, et la pluie ne tomba plus du ciel.

Les eaux se retirèrent de dessus la terre, s'en allant et s'éloignant, et les eaux diminuèrent au bout de cent cinquante jours.

Le septième mois, le dix-septième jour du mois, l'arche s'arrêta sur les montagnes d'Ararat. » Genèse 8 :1-4

Une année et quelques semaines plus tard, Dieu se souvint de Noé, des siens, de tous les animaux et de tout le bétail qui étaient dans l'arche alors que les hommes, les femmes et les enfants moururent dans les eaux du déluge !

Le choix n'avait que deux possibilités :

- Entrer dans l'arche pour vivre ou
- Rester sur la terre ferme et mourir englouti dans les eaux diluviennes.

Cette Bonne Nouvelle du Royaume que nous annonçons n'a que deux aubaines :

- Celui qui croit en Jésus sera sauvé et
- Celui qui ne croit pas est déjà condamné.

Le purgatoire n'existe pas. C'est un mensonge qui ne console que ces inventeurs !

Des personnes humaines créées à l'image et à la ressemblance de Dieu moururent dans les eaux du déluge alors que les animaux et le bétail furent sauvés en entrant avec Noé dans l'arche !

La grâce de Dieu est trompeuse. Elle n'est pas éternelle. Elle nous donne tout simplement l'opportunité dans un temps limité sur le cadran de Dieu pour nous repentir et porter des fruits dignes de notre repentance afin d'éviter la ruine et la destruction à venir !

Du mont Ararat, commença la véritable dispensation du monde nouveau qui ira jusqu'à la Tour de Babel !

LE RETOUR DE LA MALEDICTION SUR LA TERRE

La terre venait de prendre sa douche et le mal était complètement écartée de sa surface. Dieu marqua cette dispensation nouvelle par une alliance dans le ciel, celle de l'arc en ciel.

Mais quelque chose interféra, comme il est écrit :

« ***Noé commença à cultiver la terre, et planta de la vigne.***

Il but du vin, s'enivra, et se découvrit au milieu de sa tente.

Cham, père de Canaan, vit la nudité de son père, et il le rapporta dehors à ses deux frères.

Alors Sem et Japhet prirent le manteau, le mirent sur leurs épaules, marchèrent à reculons, et couvrirent la nudité de leur père; comme leur visage était détourné, ils ne virent point la nudité de leur père.

Lorsque Noé se réveilla de son vin, il apprit ce que lui avait fait son fils cadet.

Et il dit: Maudit soit Canaan ! Qu'il soit l'esclave des esclaves de ses frères ! » Genèse 9 :20-25

Le mal revint encore sur la terre pendant cette dispensation du monde nouveau. Noé cultiva la vigne et en tira du vin qu'il but avec excès et rentra dans la maison se coucher dans sa nudité.

Son fils cadet découvrit sa nudité et en parla à ses frères qui vinrent le couvrir. Plus tard, à son réveil, il apprit la nouvelle et maudit le fils de son fils cadet du nom de Canaan.

Le mal suivait l'homme dispensation après dispensation jusqu'à ce jour. Et Dieu a toujours donné une opportunité béate et comblée dans chaque dispensation pour le salut et à la protection de l'homme malgré sa rébellion.

Le diable ne peut jamais nous faire du bien car il a déjà échoué sans appel ni recours. Son sort est connu de lui-même et la haine remplit son cœur chaque fois qu'il voit une âme prendre la décision de devenir un enfant de Dieu.

Il est animé d'une colère haineuse et sournoise de femme répudiée envers sa continuatrice !

Et aujourd'hui encore, le mal est là avec ces 5 fléaux :

- L'orgueil
- La cupidité
- L'infidélité sexuelle
- La torsion des écritures et
- La spéculation

Qu'on le veuille ou pas, le mal rôde et traînaille autour de nous et en nous pour nous déstabiliser par nos 5 sens et nos 3 facultés afin de nous éloigner de la volonté de Dieu et manquer ainsi la couronne de la victoire au bout du tunnel de notre randonnée vitale sur cette planète bleue.

On ne peut voler que celui qui en a plus que soi, sinon le larcin est vide de sens !

Il y a quelque chose en l'homme ignorée de lui-même et bien connu de Dieu, des anges, du diable et des démons.

Tant que l'héritier est encore sous tutelle, il n'est pas différent d'un esclave ou d'un otage. Ses mouvements et ses gestes sont contrôlés par son garant.

Il lui faudra grandir et avoir la révélation de son héritage et de sa suite.

Si nous sommes dans ce monde au milieu des milliers des galaxies inhabitées pour manger, nous habiller, nous amuser de temps en temps et enfin mourir et retourner à la terre d'où nous avions été tirés, nous sommes les plus malheureux de tous les hommes !

Si la fin de tout homme est dans le dernier rectangle, alors il y a quelque chose qui nous échappe de près ou de loin.

Notre Dieu étant éternel, son image et sa ressemblance le sont aussi.

Si la vie n'était pas éternelle, Christ ne serait pas venu nous racheter en prenant notre place sur la croix du calvaire, car le salaire du péché, c'est la mort. Et le don gratuit de la vie éternelle est la foi en Jésus.

Le diable ensemble avec ses démons et ses acolytes nous ont suivis tout au long des différentes dispensations et Dieu de son côté ne nous a pas laissés seuls, il nous a tour à tour donné sa Parole, ses serviteurs et ses anges pour nous ramener sur le droit chemin.

LA TOUR DE BABEL

La Tour de Babel marqua la fin de la dispensation du monde nouveau pour nous introduire dans celle de la promesse.

« ***Toute la terre avait une seule langue et les mêmes mots.***

Comme ils étaient partis de l'orient, ils trouvèrent une plaine au pays de Schinear, et ils y habitèrent.

Ils se dirent l'un à l'autre: Allons ! Faisons des briques, et cuisons-les au feu. Et la brique leur servit de pierre, et le bitume leur servit de ciment.

Ils dirent encore: Allons ! Bâtissons-nous une ville et une tour dont le sommet touche au ciel, et faisons-nous un nom, afin que nous ne soyons pas dispersés sur la face de toute la terre.

L'Éternel descendit pour voir la ville et la tour que bâtissaient les fils des hommes.

Et l'Éternel dit: Voici, ils forment un seul peuple et ont tous une même langue, et c'est là ce qu'ils ont entrepris; maintenant rien ne les empêcherait de faire tout ce qu'ils auraient projeté.

Allons ! Descendons, et là confondons leur langage, afin qu'ils n'entendent plus la langue, les uns des autres.

Et l'Éternel les dispersa loin de là sur la face de toute la terre; et ils cessèrent de bâtir la ville.

C'est pourquoi on l'appela du nom de Babel, car c'est là que l'Éternel confondit le langage de toute la terre, et c'est de là que l'Éternel les dispersa sur la face de toute la terre. » Genèse 11 :1-9

Le monde nouveau n'avait qu'une seule langue avec les mêmes mots et les hommes vivaient en paix en dans la concorde dans la contrée de Babel.

Au lieu de se disperser sur la surface de la terre, ils ont préféré construire une tour, non pas avec la pierre qui est Christ, mais avec les briques cuites pour monter vers le ciel !

La pierre représente la volonté de Dieu et la brique celle des hommes. La mission de l'homme sur la terre était de la remplir et non celle de retourner au ciel par les moyens de la créature !

Cela était le signe de l'orgueil auquel Dieu résista personnellement, descendit et confondit leur langage en les dispersant sur la surface de la terre. Et c'est ainsi qu'avec le temps, les races se sont développées à cause des conditions climatiques et des saisons.

Ce fut ainsi que Dieu lui-même mit fin à la dispensation du monde nouveau.

IV

LA DISPENSATION DE LA PROMESSE

Cette dispensation commence avec l'appel d'Abraham de la part de Dieu pour quitter la maison de son père et aller loin de son pays et de son peuple vers le lieu qu'il lui indiquerait.

« ***L'Éternel dit à Abram: Va-t-en de ton pays, de ta patrie, et de la maison de ton père, dans le pays que je te montrerai.***

Je ferai de toi une grande nation, et je te bénirai; je rendrai ton nom grand, et tu seras une source de bénédiction.

Je bénirai ceux qui te béniront, et je maudirai ceux qui te maudiront; et toutes les familles de la terre seront bénies en toi. » Genèse 12 :1-3

Il y a la promesse liée à l'obéissance et à la fidélité envers Dieu selon les paroles lui adressées dans cet appel qui constitue l'origine du peuple d'Israël.

Dieu demanda au père de la foi Abram de partir :

- De son pays
- De sa patrie
- De la maison de son père
- Vers le pays qu'il lui montrerait

Il y a la part de Dieu et celle de l'homme en tout ce que nous expérimentons dans chaque dispensation.

Ce n'était plus le problème des eaux du déluge ou celui d'entrer dans l'arche de Noé, mais c'était un exercice de la mise à part qui consistait à ne plus compter sur ses parents et sur les siens. Il fallait aller au loin et suivre la direction divine pour réussir avec Dieu.

Ce n'était plus l'heure d'entrer dans l'arche, mais celle de quitter la maison de ses parents et son propre pays pour aller au loin afin de ne dépendre que de Dieu !

C'est un contrat entre Dieu et l'appelé qui devra suivre les instructions telles que reçues pour obtenir le bénéfice et l'aubaine de la cohabitation entre la créature et son Créateur !

L'obéissance d'Abram l'amena à :

- Devenir une grande nation
- Avoir un grand nom
- Etre béni et
- Devenir une source de bénédiction et de malédiction pour les uns et pour les autres.

Et Dieu porta même son nom !

Abram devait se séparer d'avec Lot pour être enfin totalement mis à part afin d'expérimenter la bénédiction de Dieu plus de 25 ans plus tard.

Marcher avec Dieu ressemble à quelqu'un qui a un jardin, toutes les plantes ne poussent pas à la même saison et après une même durée de temps.

Chaque semence et chaque espèce a sa saison et sa durée pour atteindre la récolte y afférente.

Cette dispensation ira d'Abraham à Isaac, puis à Jacob et jusqu'aux 12 tribus d'Israël. Elle nous montre la foi dans la promesse fait à Abraham.

Elle nous présente Dieu comme étant le Dieu d'Abraham, d'Isaac et de Jacob !

Il y avait de beaux et de mauvais jours, mais en toute circonstance, chacun devait s'accrocher à la promesse de Dieu faite à Abraham pour être sauvé.

Il y a eu des moments de famine et de stérilité ainsi que des moments de division et de trahison dans cette même famille qui constitue le début de l'histoire des enfants d'Israël. Mais la foi en la promesse de Dieu fait à Abraham comblait le vide du désespoir et de la consternation.

Dieu se servit de l'humanisme et de la faiblesse de ce peuple choisi pour nous enseigner ses voies et ses desseins.

Abraham séjourna en Egypte et se cacha derrière sa femme devant les serviteurs de Pharaon pour sauver sa peau et il en remonta après que Dieu ait châtié la maison du roi qui lui remit sa femme avec des biens ainsi que la servante Agar.

Ismaël naquit d'Agar dans le lit d'Abraham sur proposition de Sarah, sa maîtresse qui était stérile.

Près de 13 ans plus tard, Sarah enfanta Isaac et un peu après, elle obligea Abraham de la faire partir de leur toit pour le désert avec son fils Ismaël.

Elle s'installa au désert près du puits et maria son fils à une égyptienne de laquelle sortirent les Ismaélites.

Sarah mourut avant Abraham qui prit encore d'autres concubines parmi lesquelles fut Ketura, de laquelle sortit la lignée des Madianites d'où naquit plus tard la femme de Moïse.

Israël entra en Egypte par le jeune Josep qui fit venir plus de 70 membres de sa famille quand il devint gouverneur après environ 17 ans de prison.

Il lui fut donné une femme égyptienne de laquelle naquit Ephraïm et Manassé qui jouèrent un rôle non moins important parmi les douze tribus d'Israël.

Cette dispensation fut plus marquée par la longue captivité de 430 ans au lieu de 400 ans en Egypte.

Et ce fut Moïse qui avait fui à ses 40 ans de la maison royale où il fut éduqué en toute la sagesse d'Egypte, pour aller rester dans la maison de Jethro parmi les Madianites.

Il reçut la fille de ce dernier comme femme et y resta pendant 40 ans faisant paître les troupeaux de son beau-père dans les montagnes.

Ce fut avec l'appel de Dieu dans le buisson ardent que cette dispensation de la promesse prit fin pour donner la place à celle de la loi.

Moïse comme Abraham furent appelés de Dieu lui-même sans intermédiaire, pour une mission claire et nette.

La mission de ce dernier était différente de celle de son prédécesseur !

Abraham fut appelé pour former une nation alors que Moïse fut convoqué à dessein pour sortir le peuple d'Israël de la maison de la servitude !

Et chacun de nous a une mission particulière dans sa vie individuelle et collective à remplir avant de rejoindre les pères dans la foi pour la vie éternelle. Il n'y a pas de spectateurs dans ce royaume !

V

LA DISPENSATION DE LA LOI

Personne ne fit attention à la durée de la servitude telle qu'annoncée à Abraham par Dieu lui-même.

Pour Dieu c'était 400 ans, à cause de la négligence et de la dissipation du peuple d'Israël, ils sortirent 30 ans plus tard !

Il y a des promesses qui s'accomplissent en retard faute de conseillers autours de certaines personnes qui n'ont pas un esprit de discernement et d'intellection.

Jésus naquit à Bethléem alors que son propre peuple l'ignorait. Ce fut les mages d'Orient qui virent son étoile et qui la suivirent pour venir l'adorer et le révérer comme un grand roi dans la crèche !

C'était bien l'heure de la naissance du Roi des rois et du Seigneur des seigneurs que son propre peuple ne remarqua point !

L'APPEL DE MOISE

« Moïse faisait paître le troupeau de Jethro, son beau-père, sacrificateur de Madian; et il mena le troupeau derrière le désert, et vint à la montagne de Dieu, à Horeb.

L'ange de l'Éternel lui apparut dans une flamme de feu, au milieu d'un buisson. Moïse regarda; et voici, le buisson était tout en feu, et le buisson ne se consumait point.

Moïse dit: Je veux me détourner pour voir quelle est cette grande vision, et pourquoi le buisson ne se consume point.

L'Éternel vit qu'il se détournait pour voir; et Dieu l'appela du milieu du buisson, et dit: Moïse! Moïse! Et il répondit: Me voici!

Dieu dit: N'approche pas d'ici, ôte tes souliers de tes pieds, car le lieu sur lequel tu te tiens est une terre sainte.

Et il ajouta: Je suis le Dieu de ton père, le Dieu d'Abraham, le Dieu d'Isaac et le Dieu de Jacob. Moïse se cacha le visage, car il craignait de regarder Dieu.

L'Éternel dit: J'ai vu la souffrance de mon peuple qui est en Égypte, et j'ai entendu les cris que lui font pousser ses oppresseurs, car je connais ses douleurs.

Je suis descendu pour le délivrer de la main des Égyptiens, et pour le faire monter de ce pays dans un bon et vaste pays, dans un pays où coulent le lait et le miel, dans les lieux qu'habitent les Cananéens, les Héthiens, les Amoréens, les Phéréziens, les Héviens et les Jébusiens. » Exode 3 :1-8

Moïse était stable à son poste de travail pendant 40 ans sans excuse et sans justification. Il n'attendait personne et ne s'attendait à rien. Cependant le Dieu qui fit la promesse avait besoin de lui pour une mission précise que lui seul devait accomplir !

L'errance est une porte ouverte à l'échec, la déception et la déconfiture.

La patience, la constance et la persévérance n'échouent jamais car Dieu n'intervient que quand nous cessons de compter sur les hommes.

Stable pendant 40 ans dans la maison de Pharaon, ferme pendant 40 ans dans la maison de Jethro son beau-père au pays de Madian et finalement constant pendant 40 ans dans la mission de Dieu, Moïse est un modèle de chef de troupe à imiter.

Il est de l'ordre d'Elie car ils apparurent sortant du sein du Seigneur et parlant ensemble avec lui, à la montagne de la transfiguration !

Si toi qui me lit en ce moment tu nous rejoins à cette école de l'endurance, tu seras plus que vainqueur en Christ.

Tu seras alors une véritable illustration du buisson ardent. Les gens seront en train de se lamenter autour de toi alors que ta petite vie ira comme sur des roulettes avec la foi en Jésus !

Dieu se révéla à lui sous le nom d'Abraham, d'Isaac et de Jacob et lui dit qu'il avait vu la souffrance d'Israël. Et qu'il était descendu pour faire sortir ses enfants de la maison de la servitude afin de le ramener dans la Terre Promise.

En plus Dieu se servit de Moïse pour accomplir son dessein, comme il veut bien le faire avec toi dans cette génération de la haute technologie.

Et Dieu va te donner une ou plusieurs personnes avec lesquelles tu travailleras en harmonie pour la cause du royaume !

Dans le cas qui concerne Moïse, il y alla avec son frère aîné Aaron et ensemble ils firent sortir Israël de la captivité égyptienne après leur avoir fait une puissance démonstration de la main de Dieu avec dix plaies et quelques miracles.

Ce n'était pas facile, mais Dieu était avec eux en tout et pour tout. Ils traversèrent de nuit vers la quatrième veille la Mer Rouge et vécurent dans le désert suivant la colonne de feu et la nuée pendant 40 ans et s'abreuvèrent d'eau du rocher qui était Christ.

Ils mangèrent la manne qui est tombait du ciel pour apprendre que l'homme ne vit pas seulement de pain, mais de toute parole qui sort de la bouche de son Dieu.

Après la mort de Moïse, ils traversèrent le Jourdain sous la conduite de Josué avant d'entrer dans la Terre Promise. Cette route n'était pas facile et demandait la force physique et des stratégies militaires de guerre.

La vie chrétienne est une vie de soldat. Elle est pleine de risques et d'écueils car si tu ne tues pas ton ennemi, c'est bien lui qui te tuera !

Partant, Israël associait toujours son Dieu dans les combats tout au long de cette dispensation qui fut la plus longue et la plus riche en couleur !

La dispensation de l'inconscience n'avait que deux acteurs : Adam et Eve.

Celle de la conscience en avait plusieurs et se termina malheureusement avec juste 8 rescapés : Noé, sa femme, ses trois fils et ses trois belles-filles.

Est venue la dispensation du monde nouveau qui partit pratiquement du mont Ararat pour se terminer à la destruction de la Tour de Babel et la confusion des langues et des peuples sur la surface de la terre.

Il fallait susciter à dessein un peuple mis à part pour nous transmettre la révélation de Dieu.

Cette dispensation de la promesse commença avec l'appel d'Abram et se couronna avec la sortie du peuple de Dieu dans le pays de la servitude et de la captivité.

Elle céda la place à celle de la loi qui fut la plus longue et qui s'arrêta finalement avec la venue du Saint-Esprit dans la Chambre Haute, le jour de la Pentecôte avec l'apparition des langues de feu sur la tête de chaque disciple du Seigneur Jésus.

Cette dispensation de la loi ne fut pas l'heure de la véritable rédemption. Elle fut juste une période de la révélation de la volonté de Dieu avant de recevoir Jésus dans la dispensation de la grâce et du Saint-Esprit dans laquelle nous nous trouvons en ce moment où nous partageons ce sujet de gloire.

Elle comprend :

- Une bonne partie du Pentateuque
- Les livres historiques
- Les livres poétiques

- Les Prophètes
- Les Evangiles et
- Le début des Actes des Apôtres

C'est bien dans cette dispensation de la loi que ce trouve le verger de la cohabitation entre Dieu et son peuple !

Seulement le salut des âmes n'était pas dans la loi de Moïse, il était dans la grâce et dans l'amour de Dieu manifesté en Jésus et dont le couronnement s'est fait par la venue du Saint-Esprit dans la Chambre Haute le jour de la Pentecôte.

La dispensation de la loi n'était pas l'heure de la rédemption éternelle !

Jésus est né dans la dispensation de la loi, il y a grandi. Il y est mort et ressuscité, et son ascension y eut aussi lieu.

Cependant sa promesse, celle de la venue du Saint-Esprit en marqua la fin et nous introduisit avec les apôtres dans la dispensation du Saint-Esprit et de la grâce !

VI

LA DISPENSATION DE LA GRACE ET DU SAINT-ESPRIT

Gloire soit rendue à notre Seigneur et Sauveur Jésus-Christ qui nous a offert le don du Saint-Esprit comme il est écrit :

« ***Alors les apôtres réunis lui demandèrent: Seigneur, est-ce en ce temps que tu rétabliras le royaume d'Israël?***

Il leur répondit: Ce n'est pas à vous de connaître les temps ou les moments que le Père a fixés de sa propre autorité.

Mais vous recevrez une puissance, le Saint Esprit survenant sur vous, et vous serez mes témoins à Jérusalem, dans toute la Judée, dans la Samarie, et jusqu'aux extrémités de la terre.

Après avoir dit cela, il fut élevé pendant qu'ils le regardaient, et une nuée le déroba à leurs yeux. » Actes 1 :6-9

Ce n'est pas à n'importe qui de connaître les temps ou les moments que Dieu a fixé dans sa propre autorité. Tout ce dont nous avons besoin se trouve dans le Saint-Esprit que nous recevons par la foi en Jésus et qui nous donne son fruit pour nous permettre de comprendre l'heure à laquelle nous vivons en ce moment.

Moïse ne connaissait pas l'heure de l'Exode du peuple d'Israël du pays d'Egypte, d'une part et il ignorait que c'était sa mission jusqu'à ce qu'il rencontra le Dieu du buisson ardent au pays de Madian.

Daniel savait que la durée de la captivité était de 70 années selon les écrits de Jérémie.

Du temps de Marie, épouse de Joseph, c'était le temps de la naissance de l'enfant Jésus.

Et aujourd'hui nous sommes au temps de l'enlèvement en dépit de tout ce qui se passe autour de nous. Et Pierre le confirma le jour de la Pentecôte en ces termes :

« Alors Pierre, se présentant avec les onze, éleva la voix, et leur parla en ces termes: Hommes Juifs, et vous tous qui séjournez à Jérusalem, sachez ceci, et prêtez l'oreille à mes paroles!

Ces gens ne sont pas ivres, comme vous le supposez, car c'est la troisième heure du jour.

Mais c'est ici ce qui a été dit par le prophète Joël:

Dans les derniers jours, dit Dieu, je répandrai de mon Esprit sur toute chair; Vos fils et vos filles prophétiseront, Vos jeunes gens auront des visions, Et vos vieillards auront des songes.

Oui, sur mes serviteurs et sur mes servantes, Dans ces jours-là, je répandrai de mon Esprit; et ils prophétiseront.

Je ferai paraître des prodiges en haut dans le ciel et des miracles en bas sur la terre, Du sang, du feu, et une vapeur de fumée;

Le soleil se changera en ténèbres, Et la lune en sang, Avant l'arrivée du jour du Seigneur, De ce jour grand et glorieux.

Alors quiconque invoquera le nom du Seigneur sera sauvé. » Actes 2 :14-21

C'était la troisième heure des juifs quand cela se produisit devant plusieurs témoins. Et depuis lors :

- Le Saint-Esprit est à la disposition de toute chair qui accepte de recevoir Jésus comme Seigneur et Sauveur,
- Les filles et les fils prophétisent,
- Les jeunes gens ont des visions,
- Les vieillards ont des songes ;
- Les serviteurs et les servantes de Dieu prophétisent et
- Il y a beaucoup de prodiges et des signes.

C'est dans cette dispensation que nous sommes depuis les temps des apôtres !

Il n'y a plus ni juif, ni romain, ni grec, ni homme, ni femme et nous tous, chacun selon la grâce du Seigneur pouvons servir notre Dieu comme les membres d'un même corps.

Le temps de grâce que nous vivons dans cette dispensation n'est pas éternel.

Soudain, le Seigneur apparaîtra sur les nuées et nous irons à sa rencontre dans les airs comme il est écrit :

« ***Voici, il vient avec les nuées. Et tout œil le verra, même ceux qui l'ont percé; et toutes les tribus de la terre se lamenteront à cause de lui. Oui. Amen!*** » Apocalypse 1 :7

La venue du Seigneur sur les nuées se fera ouvertement devant tout œil et il y aura des cris de joie pour ceux qui seront enlevés et des pleurs et des lamentations pour ceux qui resteront sur la terre car les moments après notre départ seront durs et pénibles avant d'entrer dans la dernière dispensation qui sera celle du millénium.

Le livre d'Apocalypse sous la plume de Jean nous donne des détails sur ces moments qui précéderont le règne de 1000 ans avant la résurrection de tous les morts et le jugement dernier !

Il n'y aura plus de grâce durant cette période qui suivra l'enlèvement de l'Eglise de Dieu.

Ce sera comme ce fut du temps de Noé, juste avant le déluge, il y eut l'enlèvement d'Hénoch et puis ce fut l'entrée dans l'arche d'un groupe restreint de 8 personnes seulement et finalement sans pitié, Dieu ferma la porte de cette grande caisse en bois sans ancre, sans moteur et sans gouvernail avant d'ouvrir les vannes des eaux diluviennes sur les récalcitrants !

La grâce chômait alors que Noé prêchait encore. Mais dès que la porte de l'arche fut fermée, ce fut les pleurs et les grincements des dents et c'était trop tard !

Après l'enlèvement ce sera le jour du Seigneur sans la grâce !

Ce sera trop dur pour être racheté. C'est aujourd'hui le moment propice et favorable à tous.

Noé et les siens furent sauvés avec des animaux purs et impurs alors que ses contemporains furent engloutis dans les profondeurs des eaux du déluge.

D'ailleurs, ce qui se passera sur la terre après l'enlèvement ne nous intéresse aucunement pas car nous travaillons jour et nuit pour amener ne fusse qu'une seule âme au Seigneur avant de lui éviter le pire de ce jour-là.

Ce sera une heure horrible, exécrable et insupportable que je ne saurais vous décrire avec tous ses détails.

Loin de moi cette idée de vous présenter l'évangile de la terreur et de l'épouvante pour vous influencer à nos rejoindre dans la bergerie du Bon Berger, seulement les Saintes Ecritures nous le montrent à suffisance malgré l'incrédulité et la séduction de ce monde.

Les jours qui suivront l'enlèvement du Seigneur seront pleins des ténèbres, d'opacité et d'occultation. L'Eglise du Seigneur qui est l'illustration de la Lune ne sera plus et le décor sera spirituellement semblable à la terre du premier jour !

L'enlèvement de l'Eglise du Seigneur demeure le signe de la fin de la dispensation de la grâce et du Saint-Esprit.

Rater ce rendez-vous ressemble à manquer à entrer dans l'arche de Noé. Et cette fois-ci, Jésus-Christ notre Arche, viendra nous enlever de la terre parce que nous ne sommes pas de ce monde.

Nous sommes des citoyens du ciel, cachés en son sein depuis le jour où nous avions pris la ferme et noble décision de croire en lui. Il nous a pardonné nos péchés et il a fait de nous des enfants de Dieu.

Aujourd'hui, grande est notre joie car bientôt, très bientôt, nous irons à sa rencontre sur la nuées. Et nous serons avec lui pour toujours !

VII
APRES L'ENLEVEMENT

Comme nous l'avons susmentionné, le signe de la fin de cette dispensation de la grâce et du Saint-Esprit est l'enlèvement.

Et après cet événement, l'évangile de la grâce et du Saint-Esprit pour tous ne sera plus ! Nous retournerons presque comme dans la dispensation de la loi avec les deux serviteurs de Dieu revêtu de l'esprit de Moïse et d'Elie qui prêcheront l'évangile avec des châtiments contre ceux qui résisteront à leur message !

Le message aux 7 églises d'Asie est pour notre dispensation et nous pouvons de temps en temps le passer en revue car bientôt, ce sera l'accomplissent de la venue du Seigneur !

Les 7 sceaux (Apocalypse, chapitre 9), nous montrent :

- Le trône de Dieu et l'armée céleste autour du trône,

- Le livre scellé remis à l'Agneau pour nous rappeler que nul autre en dehors de Jésus ne pouvait prendre notre place à la croix de Golgotha,
- L'adoration de l'Agneau qui sera notre activité principale dans les cieux,
- Les 4 cavaliers et leurs chevaux pour exprimer les châtiments divins après l'enlèvement de l'Eglise,
- La plainte des martyrs devant Dieu ;
- Le jugement dernier qui se produira après le règne de 1000 ans et
- Le sceau des serviteurs de Dieu.

Le chapitre 10 nous montre les 7 trompettes accompagnés des châtiments de Dieu sur la terre.

Le chapitre 11 nous révèle le travail du diable dans le portrait du dragon. Et la victoire finale étant toujours du côté de Christ !

C'est pendant cette période qu'interviendront les deux témoins de la bouche desquels sortira du feu dévorant pour consumer ceux qui leur voudront du mal. Apocalypse 11 :3-6

Ce sera fini cet évangile de la grâce et du Saint-Esprit pour tous !

Le chapitre 12 nous montre le châtiment de Dieu par les 7 coupes de sa colère.

Les chapitres 13 à 22 nous montrent la chute du diable et ses alliés devant Christ.

Et au niveau d'Apocalypse 16 :13-16, c'est la guerre d'Armaguédon qui opposera l'Anti-Christ à l'armée des ceux qui sont restés fidèles à Dieu après l'enlèvement. Et ce lieu dans l'histoire fut un lieu d'embuscade du peuple d'Israël avec ses ennemis entre la Terre Promise, l'Egypte et le pays de Madian.

La victoire finale appartient toujours à Christ, mais ce sera un temps difficile sans Saint-Esprit et sans grâce pour tous !

Apocalypse 20 :4-5 nous parle de la résurrection suivie du millénium pour ceux qui n'avaient pas fléchi les genoux pour adorer la bête. Ils revinrent à la vie et régneront pendant 1000 ans.

Au même moment, Satan sera lié pendant toute la période de 1000 ans et après il sera relâché pour un peu de temps avant la résurrection de tous les morts, le jugement dernier et la couronne éternelle d'une part ainsi que la ruine sans fin d'autre part.

Bientôt, nous montrerons par la foi en Jésus que nous ne sommes pas de ce monde et que notre cité est d'en haut en allant à la rencontre du Seigneur sur les nuées.

Le reste constitue juste une information de bonne foi pour ceux qui foulent aux pieds ce sujet de gloire.

« ***Lorsqu'on ne vous recevra pas et qu'on n'écoutera pas vos paroles, sortez de cette maison ou de cette ville et secouez la poussière de vos pieds.***

Je vous le dis en vérité : au jour du jugement, le pays de Sodome et de Gomorrhe sera traité moins rigoureusement que cette ville-là. » Mathieu 10 : 14-15

CONCLUSION

Nous sommes à l'heure de la grâce de Dieu et du Saint-Esprit sur quiconque croit en Jésus comme Seigneur et Sauveur personnel.

Le don du Saint-Esprit et celui de la grâce sont encore là et la balle est dans le camp de ceux qui croient que cette Bonne Nouvelle du Royaume est destinée seulement aux pauvres et aux faibles !

David, un grand roi d'Israël priait avant d'aller en guerre et Dieu lui répondait favorablement.

Mais toi, qui reste encore dans la maison de ton père jusqu'à présent, tu es envahi d'orgueil, d'arrogance et de dédain face à ce sujet de gloire pour la rédemption éternelle.

Arrête-toi et assieds-toi. Réfléchis deux fois avant d'avancer dorénavant d'un seul pas et tu verras que tu seras du bon côté.

Ce choix d'une bonne lecture de l'heure sur le cadran de notre Dieu ne passe que par la grâce et l'aumône qui sont cachées dans le Seigneur Jésus, pour t'atteindre avant qu'il ne soit trop tard.

Ce monde merveilleux à tes yeux est éphémère car bientôt, très bientôt tout ce beau décor apparent appartiendra au passé et nous serons enlevés de la terre pour l'éternité avec le Seigneur.

Nous rejoindrons ainsi cette armée des anges au-delà du sexe, de la race, des origines, du besoin et de la nécessité pour demeurer éternellement en sa sainte présence.

Vers les derniers moments d'un match de football, il y a toujours un juge du temps qui vient avec une plaque signalétique en ses mains pour montrer à tous le temps qui reste à jouer.

Il y a de l'agitation dans l'équipe qui a perdu pendant le temps règlementaire et du calme et de la sérénité dans le camp des gagnants.

Nous sommes dans cette équipe qui a toujours gagné depuis l'origine de toute vie sur cette terre et nous ne savons plus où aller en dehors de ce choix merveilleux !

Ayons un regard d'aigle pour fuir le mal de loin et vivre dans la fidélité et l'obéissance de la Parole de Dieu afin de ne pas perdre le prix de cette course que nous avons ainsi réalisée sous le soleil.

Nous avons gagné en lui depuis la croix de Golgotha et ne baissons pas la garder car le diable n'a jamais été content de nous.

Sauvés pour sauver, bénis pour bénir, fatigués mais poursuivant à annoncer aux autres ce sujet de gloire qui est la Bonne Nouvelle du Royaume de Dieu par la foi en son Fils Unique Jésus-Christ !

A seul Dieu soit la gloire !

L'Auteur

L'AUTEUR

Sylvanus Mulowayi Wa Kayumba, né le deuxième jour du mois d'octobre de l'année 1963 dans la petite ville minière de Kolwezi dans la province du Grand Katanga en République Démocratique du Congo. Fils Mulowayi et de Tshilanda, dans une famille de huit garçons et deux filles, il a une faiblesse et une passion pour la plume.

Après ses études secondaires en 1983 à l'Institut Technique de Mutoshi, il a travaillé comme Responsable Hydraulicien pendant dix ans à la Gécamines et a bénéficié d'un diplôme supérieur d'hydraulicien de la Maison Allemande des Ingénieurs en en 1988.

La stérilité de sa tendre épouse Mbombo Marie Victoire, l'a conduit dans l'Eglise FEPACO Nzambe Malamu de l'Apôtre Ahidini Abala, qui pria pour sa femme et aujourd'hui ils ont trois grands garçons et deux charmantes filles.

Détenteur de deux diplômes en théologie, l'un en français et l'autre en anglais, il maîtrise près d'une dizaine de langues. Ancien acteur de théâtre monologue des années 1983 et auteur et animateur de conférences et des cours du soir des langues, Traducteur Assermenté et Expert Consultant, Aumônier et Prédicateur de la Parole de DIEU, il a appris à avoir de l'égard pour le faible.

Co-fondateur dans les années 1995 du Culte Anglophone de Lubumbashi et de MIREGNA, le Ministère du Réseau Global pour la Nouvelle Alliance, dans la ville de Kinshasa et Présentateur de l'émission chrétienne « Only Jesus », il a passé plus de la moitié de sa vie à écrire sur le social, le divin et l'imaginaire.

Sa passion est pour les idées nobles, le travail bien fait et l'amour du beau. Il est aussi un grand ami des malades et des prisonniers.

Pour lui, tout homme a le droit d'aimer, d'apprécier et de penser. Sa force est dans le plaisir d'écrire et méditer.

Il a beaucoup de respect pour le stylographe et la feuille de papier.

Son rêve est de rassembler la brise et la tempête dans un même lit et sous un même drap pour un monde conduit par l'amour et le pardon.

L'Auteur

TABLE DES MATIERES

Printed by Books on Demand GmbH, Norderstedt / Germany